कवितालय

कविताओं का संसार

निखिल कुमार 'रौशन'

प्रस्तावना

शब्द जब भावनाओं का चादर ओढ़ती है तब कविता बनती है और फिर वही कविता काल-खंड का हिस्सा बन व्यक्ति, समाज, राष्ट्र का प्रतिनिधित्व करती है। कवि की रचना उसके अंतर्मन की सुदृढ़ व्याख्या होती है। कवि अपनी अभिव्यक्ति, कविता के माध्यम से समाज तक पहुंचाता है या यूं कहें उसके शब्द समाज का आईना बन कर लोगों तक पहुँचते हैं। इस पुस्तक में कवि निखिल कुमार 'रौशन' ने बहुत ही साधारण, सरल एवं स्पष्ट शब्दों का प्रयोग किया है। एक कवि मन ने पाठक मन को पढ़कर अपनी लेखनी को कोरे कागज़ पर उतारने का प्रयास किया है। यह कविता जीवन के विभिन्न आयामों को समेटे, विभिन्न मनोभावों को स्पर्श करते हुए लिखी गई है। यह काव्य-संग्रह व्यक्तिगत रूप से परिवार और समाज का प्रतिनिधित्व करता है, ऐसा मेरा मानना है।

हिंदी साहित्य की कविता भारतीय संस्कृति और भावनाओं की सजीव अभिव्यक्ति है। यह न केवल भावों और विचारों का माध्यम है, बल्कि समाज के चिंतन, संघर्ष, प्रेम, करुणा और चेतना का प्रतिबिंब भी है। लेखक निखिल कुमार 'रौशन' द्वारा लिखी गई रचनाएं काफी अच्छी है, और पारिवारिक, सामाजिक भावनाओं से ओतप्रोत है। सबसे बड़ी बात यह है कि लेखक ने अपने माता श्रीमती कविता सिन्हा के नाम पर पुस्तक का नाम 'कवितालय' रखा है। कवि का अपने माता के प्रति प्रेम, अनुराग, समर्पण अतुलनीय है। जब मैंने यह काव्य-संग्रह एक पाठक के नाते पढ़ना शुरू किया तो मुझे इसके साथ जुड़ाव महसूस होने लगा। कवि ने अपनी कविताओं के माध्यम से जन-भावनाओं को स्वर दिया है और सामाजिक व नैतिक मूल्यों को पुष्ट किया है। शब्दों का चुनाव बेहतरीन है। मन की अभिव्यक्ति द्वारा काव्य पक्ष को खूबसूरती से परोसा गया है। निःसंदेह यह पुस्तक पाठक वर्ग को बहुत पसंद आएगी। इस पुस्तक से लेखक के मेहनत और लगन को पहचान मिले, अपने अंतःकरण से यह शुभकामनाएं प्रेषित करता हूँ।

—शैलेश कुमार वर्मा
वरिष्ठ पत्रकार

समर्पण

मैं यह पुस्तक समर्पित करता हूँ—

मेरी माँ श्रीमती कविता सिन्हा को, जिनसे मुझे कविता का उपहार मिला, मानो यह मेरी रगों में बहती हो। मेरी माता का नाम ही "कविता" है और इसलिए इस पुस्तक का नाम भी "कवितालय" रखा गया है, जिसका शाब्दिक अर्थ है "कविता का घर"।

मेरे पिता स्व. बालेश्वर प्रसाद सिन्हा को, जिन्होंने बचपन से ही मुझे हिंदी साहित्य से जोड़ा और उसकी सुंदरता से परिचित कराया।

मेरी बहनों जिन्होंने मेरी कविताओं को पढ़ा, सुझाव दिए और उन्हें बेहतर बनाने में मदद की, और उनके जीवन साथियों को भी, जिन्होंने मुझे हमेशा प्रोत्साहित किया और इस सफर में मेरा साथ दिया।

मेरे उन खास दोस्तों को, जिन्होंने मुझे यह किताब लिखने के लिए प्रेरित किया और हमेशा मेरा हौसला बढ़ाया – स्कूल से लेकर कॉलेज तक और अब विभिन्न सोशल मीडिया के द्वारा जुड़कर।

आप सभी के सहयोग और प्यार के बिना यह पुस्तक संभव नहीं होती।

समीक्षा

"'कवितालय' कविताओं का एक बहुत ही अद्भुत संग्रह है। जीवन के हर रंग को मानों कागज़ पर बहुत खूबसूरत तरीके से उतारा गया है। जीवन की जो साड़ी बातें हम जानते हुए भी अनजान रहते हैं, इन कविताओं के माध्यम से उन सबसे रूबरू होने का मौका है 'कवितालय'।"

—सैलिना विल्सन

"आपका कविता संग्रह दिखाता है कि कविता में कितनी भावना और कला हो सकती है। हर कविता बहुत दिल से लिखी हुई लगती है। आपकी लिखाई की सबसे खास बात है इसकी सच्ची और साफ आवाज़। चाहे आप प्यार, दुख, पहचान या प्रकृति की बात कर रहे हों — हर शब्द में एक मतलब और शांति झलकती है। ऐसा सुंदर संग्रह बनाने के लिए आपको बहुत बधाई। मैं आगे आपकी कविताओं को पढ़ने के लिए उत्साहित हूँ।"

—सोनम अरोड़ा

"निखिल की कविताएँ जीवन के संघर्ष और उसकी सुंदरता को अत्यंत संवेदनशीलता और गहराई से अभिव्यक्त करती हैं। उनकी रचनाएँ दुख और सुख के बीच के सूक्ष्म संबंधों को दर्शाती हैं, जहाँ प्रेम और आस्था की ज्योति हर अंधकार को आलोकित करती है। इन कविताओं में न केवल जीवन की कठोर सच्चाइयाँ झलकती हैं, बल्कि उसकी कोमलता, सुंदरता और प्रेम की गहराइयों का भी मार्मिक अनुभव होता है। जितना मैं निखिल को जानता हूँ, उनकी ज़िंदगी में संघर्ष, दोस्ती और प्रेम का गहरा प्रभाव रहा है — और यही तत्व उनकी कविताओं की प्रेरणा भी हैं।"

—अब्दुस सलाम मजूमदार

"निखिल की ये कविता संग्रह जीवन के हरेक पहलुओं को समेटे हुए है, जो जीवन को जीवन प्रदान करती है। आपकी लेखनी समाज का दर्पण है। साधुवाद।"

—सुमित कुमार

"इस संग्रह की कविताएँ दिल को छू जाने वाली हैं। कवि ने जीवन के साधारण पलों को बेहद सुंदर ढंग से शब्दों में पिरोया है। कई पंक्तियाँ ऐसी हैं जो पढ़ते ही आँखें नम कर देती हैं और मन में गहरी छाप छोड़ जाती हैं। भावनाओं की सरलता और गहराई का ऐसा संगम कम ही देखने को मिलता है।"

—श्रेयश अग्रवाल

पाठकों के नाम पत्र

कविता सिर्फ़ शब्दों का मेल नहीं होती, यह मन की भावनाओं की अनुगूंज होती है। जब हृदय में कोई हलचल होती है—प्रेम, विरह, खुशी, अकेलापन, संघर्ष—तो यह कविता बनकर कागज़ पर उतरती है। मेरे लिए यह सिर्फ़ लिखने की विधा नहीं, बल्कि आत्मा की अभिव्यक्ति है। यह मेरा संवाद है—खुद से, आपसे, और उन भावनाओं से, जो अक्सर अनकही रह जाती हैं।

इस किताब का नाम 'कवितालय' यूँ ही नहीं रखा गया। मेरी माँ का नाम 'कविता' है, और इस पुस्तक का हर शब्द उन्हीं की छाया में पनपा है। 'कवितालय' दो शब्दों से मिलकर बना है—'कविता' और 'आलय'। 'आलय' यानी घर, मंदिर, एक ऐसा स्थान जहाँ सुकून मिले। यह पुस्तक मेरे लिए एक ऐसा ही स्थान है—जहाँ कविताएँ जन्म लेती हैं, साँस लेती हैं, और पाठकों के मन में अपनी जगह बना लेती हैं। यह मेरा 'कवितालय' है, जहाँ हर एहसास एक दीपक की तरह जलता है, जहाँ हर कविता एक प्रार्थना की तरह बहती है।

माँ ने मुझे पहली बार हिंदी साहित्य की सुंदरता से परिचित कराया, और पिता ने शब्दों के प्रति प्रेम जगाया। यह पुस्तक उन्हीं आशीर्वादों का फल है। जब मैंने अपनी कविताएँ लोगों तक पहुँचानी शुरू कीं, तो महसूस हुआ कि ये सिर्फ़ मेरे नहीं, हम सबके जीवन का हिस्सा हैं। हर कविता एक भावना है, जो शायद आपको आपके किसी बीते पल की याद दिला दे।
यह पुस्तक प्रेम की मिठास से लेकर बिछड़ने की कड़वाहट, संघर्ष की कठिनाइयों से लेकर जीवन की सरलता, और सफलता की चमक से लेकर अकेलेपन के अंधेरे तक—हर रंग को समेटे हुए है। मेरी इच्छा है कि जब आप इसे पढ़ें, तो आपको लगे कि ये शब्द सिर्फ़ मेरे नहीं, आपके भी हैं।

यह किताब मेरी भावनाओं का संकलन है, पर इसके पन्नों में कहीं न कहीं आपकी भी कहानी छिपी होगी। आइए, इस सफर पर साथ चलें—जहाँ शब्द सिर्फ़ पढ़े नहीं जाते, महसूस किए जाते हैं।

"पूछते हो कि कैसे रखते हैं हम ज़िंदा-ए-दिल यहाँ,
कागज़ और कलम ही है ऐ दोस्त वफ़ा-ए-कातिल यहाँ।"

विषयसूची

अंदाज़-ए-बयां

~ ✧❀✧ ~

अंदाज़ा अपना बयां कर दो मेरे बारे में,
मुख्तलिफ़ तुम्हारा अंदाज़-ए-बयां होता है।

मैं सांस भी यहाँ लेता हूँ अगर चुपके से,
जाने कैसे शोर-इ-इश्क़ भरपूर ज़माना होता है।

मैं वफ़ा जिसे कहता, वो जफ़ा उसे कहते हैं,
समझाए कैसे इश्क़ में, झूठ नहीं, बस फ़साना होता है।

मेरी चुप्पी को तुम समझ नहीं पाती क्यों,
कुछ अधूरी बातों को आँखों से बताना होता है।

मुझको आईने में खुद का अक्स मनचला दिखता है,
तेरी नज़र में जाने क्यों वो अशूक़ मर्दाना होता है।

तू नाम दे दे सौ बार मुझे नए कोई,
तेरे हर नाम का एक बहाना होता है।

अंदाज़ा तेरा, शायद सही हो, शायद नहीं, पर,
हर किसी का सच अलग और बिरले ही बयां होता है।

एक शख़्स है
~ ✧❀✧ ~

मैंने देखा है एक बोतल से,
फिसलती हुयी एक बूँद,
एक धुएं का गुब्बार किसी के,
चेहरे से उड़ता हुआ,
उस शख़्स को ख़ुशी-ख़ुशी,
दुःख में डूबा हुआ।

एक थाल थी सजी सामने उसके व्यंजन की,
पर ध्यान उसका परिवार के खाने पर था,
राहगीर था वो इस शहर में काम करता हुआ,
पर ब्रह्माण्ड का भार कंधों पे उठाया हुआ।

एक शख़्स जो रविवार की रात अकेला बैठा है,
सोच के दायरे में सिमटा हुआ सा घबरा रहा,
कहने को तो वो पी रहा, खा रहा,
पर सोच का एक कीड़ा उसे अंदर से खा रहा।

चार बाशिंदे है एक घराने में जिनकी उसे फ़िक्र है,
ख़ुशी-ख़ुशी शहर-दर-शहर वो गाड़ी चलाता है,
पर दिल की व्यथा का न कहीं भी एक जिक्र है,
ख़्वाब है कि सब एक साथ बसेंगे एक ही शहर में,

जादुई ज़िन्दगी

तुम्हें क्या लगता है,
कैसी है ज़िन्दगी?
मुझे तो लगता है,
जादुई है ज़िन्दगी।

इक खुशनुमा सी गली है,
जहाँ इठलाती सी है ज़िन्दगी,
खेलती, सजती, संवरती, बलखाती,
बड़ी बावली सी है ज़िन्दगी।

मुझे लगा था मैं काबू पा लूंगा इस पे,
मदहोश, अल्हड़ सी चली जाती है ज़िन्दगी,
मर्ज़ी चाहे बना लो सब्र के सौ बाँध तुम,
माया में बाँध तुम्हें बहा ले जाती है ज़िन्दगी।

जानता हूँ इक शख़्स को जो जादू से भरा हुआ,[1]
मुस्कुराने के हुनर से उसके मुस्कुराती है ज़िन्दगी,
खेल नज़र का है पूरा, नज़र की होती हेर-फेर है,
उसके आने से ज़िंदगानी बनती है ज़िन्दगी।

पर छोड़ो, तुम बताओ...
तुम्हें क्या लगता,
कैसी है ज़िन्दगी?
मुझे तो लगता है,
जादुई है ज़िन्दगी।

---

[1] यह कविता करन सिंह 'मैजिक' (जाने-माने मेंटलिस्ट और जादूगर) को समर्पित है, जिन्होंने अपने विचार साझा कर इस कविता को संवारने में योगदान दिया।

A
♠

तालीम याफ्ता

~ ✧❀✧ ~

तालीम याफ्ता शख़्स की भी,
अजीब मज़बूरी होती है,
उन्हें बहुत सी बातें,
बेवजह याद रहती हैं।

गुम सा गुमसुम,
बेतकल्लुफ़ सा रहता है वो,
मगर भूल जाता है बरबस कि,
नज़रों से भी बात होती है।

वो हिसाब लगाता रहता है मायनों के,
हर बात कहने से पहले,
पर फिर भूल जाता है बरबस कि,
हर शह की इक मात होती है।

वो ढूंढता रहता है किताबों में,
मर्ज़ की बेपरवाह औषधि,
पर भूल जाता है बरबस कि,
बातों के ज़हर की,
कोई काट नहीं होती है।

मुश्किलें

~ ✧❀✧ ~

मुश्किलें इतनी आयी कि हमने अब,
मुश्किलों को अपना अंदाज़ कर दिया,
कि जब न आये कोई मुश्किल तो लगता,
कि हमने ज़िन्दगी को नाराज़ कर दिया।

तीमारदार तो कई आये नसीब में अपने,
हमने हर मर्ज़ को भीतर-ए-दराज़ कर दिया,
जब पूछा किसी ने जबरन मर्ज़ का नाम,
हमने दवा से हिज़्र-ज़दा करके,
नाम तेरा सबसे राज़ कर दिया।

खुदा ने दिया था इक मौका कि,
बता तुझे कौन सा वो शख़्स चाहिए,
देखा था तुझे हँसते बज़्म में किसी के,
तो हमने तेरी आरज़ू से एतराज़ कर दिया।

सपनों की गठरी
~ ✧❀✧ ~

थोड़ा ध्यान यहाँ का रखा,
थोड़ा ध्यान वहां का रखा,
कुछ सपने भी गठरी में बांधें थे,
जीने की भगदड़ में जाने कहाँ रखा।

भगदड़ थी नाम बनाने की, पैसे कमाने की,
हड़बड़ में शहर बदला और बदला पता,
भागता था साथ मेरे बचपन से बेवजह हर जगह,
पूरा शहर छान मारा, फिर ना मिला कोई ऐसा सखा।

हर तकनीक है मेरे पास दुनिया की,
अकेली रातों में तारे निहारते पकवान खाने की,
दुनिया देखी, व्यंजन चखे, कुछ कमी रही,
चूल्हे धौंकती माँ सा, इक निवाला ना चखा।

खैर-मक़दम

~ ✧❀✧ ~

दुनिया की ख़राबी मेरे हिस्से में बहुत आयी,
खैर-मक़दम बहुत की सबकी,
बारम्बार दोहराई,
अभी कुछ दम है बाकी,
मरहम खुद को लगाया है हमनें,
अभी जो तुम देख रहे वो बदलेगा,
अभी कहाँ हमने अपना परचा दिखाया है?

हर रोज़ जो बदल रही,
तस्वीर ज़माने की,
हमें भी लगेंगे दो-चार रोज़,
पाँव जमाने में,
तुम जो रोज करते हो,
ख़्वाहिश दिन जितने की,
मेरे दोस्त सुबह से शाम तक लगती,
एक दिन बिताने को।

आधी रात

~ ✧❀✧ ~

आधी रात भी कब आधी कहलाती है,
चांदनी लपेटकर मेरी नींद सो जाती है,
सपने जगाते हैं कभी कभार मुझे मेरे,
तलाश-ए-सुकून में फिर से भोर हो जाती है।

एक मोर पंख रखा है मैंने किताबों के पन्नों के बीच,
लोग कहते हैं कि समय के साथ वो पंख दो हो जाते हैं,
समय ही किताबों को बस इतना दे पाते हैं हम कि,
ज़िन्दगी के साथ मोर पंख भी आधे हो जाते हैं।

सुबह कि जद्दोजहद में दिन की थकान ओढ़ लेता हूँ,
यदा-कदा दो पन्ने इश्क़ के भी पढ़ लेता हूँ,
दिन भी ज़िन्दगी को पढ़ने की एक होड़ हो जाती है,
रात अपने लिए बचेगी यह सोचते फिर से भोर हो जाती है।

परवाह

~ ✧❀✧ ~

परवाह करते तुम तो,
कुछ बदला सा मंज़र,
और हो रहा होता,
ना जाग रहा होता,
चिंतित सा रंक,
ना चैन से राजा,
सो रहा होता।

तुम जो सोच लेते उस गली का हाल,
जो तुम उस परिवार की बला देख पाते,
ना पन्ना उस बच्चे की किताब का फटा होता,
ना बाप पकवान रख उन पन्नों में बेच रहा होता।

देखा है तुम्हारा चार कमरों का आशियाना मैंने,
वहीँ सामने एक खपड़ैल घरोंदा भी बना है,
परवाह होती तुम्हें तो चीज़ें बदलती,
ना वो बालक एक दिया खिड़की पे सजा रहा होता,
ना एक नदीनुमा सुराख़ उस धरातल पे पड़ा मुस्कुरा रहा होता।

परवाह होती तुम्हें तो,
ना रंक सिसकियाँ ले रहा होता,
ना राजा किलकारियां सजा रहा होता।

VADA

आग

~ ✧❀✧ ~

आग तो अनन्त है,
मन के भीत कहीं धंसा हुआ,
मर्म किन्तु झाँक रहा मेरा,
हृदय में कहीं फंसा हुआ।

मुड कर तो मैं अतीत भी देख लूँ,
टीस लगती नैन में जो शहतीर बसा हुआ,
दरस बिन जो छलकत नीर हैं उर के,
आलिंगन उन बाहों का हुए भी अरसा हुआ।

कर्णप्रिय कुछ कंठस्थ कोयल की कूक थी,
बलन बाहुबल ने बरबस उसे रौंद दिया,
रस्सी जली, बल ना गया, है साहस अब भी कसा हुआ,
कौन सी खिड़की, कौन सा घर, खबर नहीं,
एक शहर का नाम है बस दिल में रचा-बसा हुआ।

ताना-बाना

~ ✧❀✧ ~

हम तुम उलझे रह गए,
ताने-बाने सुलझाने में मुश्क़ के,
इश्क़ के धागे सुलझाने का,
कारोबार भूल गए।

कुछ सिलवटें पड़ी थीं चादर में,
कुछ डोरियाँ समेटे बैठीं थीं सपनों को,
रेशम की नक्काशी थी जो बातें खुद में दफ़न करें,
उठते ही पौ फटे चादर संग सपने धूल गए।

इश्क़ था सेहरा की लहरों सा,
बहता पर ठहरता नहीं,
जिन आँखों में डूबे थे हम,
मेरे वो सपनों से अब भरता नहीं,
खामोशियों के सिलसिले में जज़्बात मेरे रूल गए,
धागे सुलझाने में ऐसे उलझे कि इश्क़ का हुनर भूल गए।

खैर-अंदेशी

~ ✧❀✧ ~

मैं आग लेता आऊंगा,
तू थोड़ी हवा ले आना,
मैं मर्ज़ लेता आऊंगा,
तू थोड़ी दवा ले आना,
दस रुबाब सह लूंगा,
मैं तेरे हमदम मेरे,
मैं रख लूंगा तेरी खैर-अंदेशी,
तू बस थोड़ी वफ़ा ले आना।

मैं नूर बनके चमकूंगा,
तुम शाम घनेरी बन जाना,
मैं साज और सुर बन जाऊंगा,
तुम बनना लफ्ज़ कोई शायराना,
मैं लड़ लूंगा कस्बे-कुनबे से तेरे,
तू रब से बस मेरी खैर मानना,
मैं रख लूंगा तेरी खैर-अंदेशी,
तू फौत पे मेरी बस आ जाना।

छोड़ दो

~ ✧❀✧ ~

छोड़ दो आना इस गली प्रिय,
प्रीत की रीत नहीं भाती जमाने को,
विरह की हंसी ही हंस लेने दो उनको,
अब बची नहीं मुझ में नीर बहाने को।

मिटा दो सारा बचपन वो,
वो जो संकरा कूचा था,
जिनकों बरसों से पहचाना था,
वो मोहल्ला शायद दूजा था,
एवं-एवा बातें हमारे इश्क़ की,
जो मिल गयी उन्हें सुनाने को,
छोड़ दो मुझे, बनने दो एक और,
गाथा उन्हें फुसफुसाने को,
विरह की हंसी ही हंस लेने दो उनको,
अब बची नहीं मुझ में नीर बहाने को।

रज़ा

~ ✧❀✧ ~

खुदा जब मुझसे,
पूछेगा मेरी रज़ा,
तेरी बातों में,
मेरा जिक्र हो,
यह मांग लूंगा।

तू जो कहे,
वही मेरी दास्ताँ हो,
तेरे लब पे,
मेरा नाम हो,
यह मांग लूंगा।

तेरे हर गम पे,
मेरा ही पहरा हो,
तेरी हर शाम का,
मैं ही सवेरा हो,
तेरे राह-ए-तलब पे,
मेरा ही बसेरा हो,
यह मांग लूंगा।

दिल का सवाल

~ ✧❀✧ ~

कहते हैं इंसान है माटी का पुतला,
फिर दिल तेरा पत्थर सा सख्त कैसे हो गया?
जो धड़कता था कभी हर एहसास पर,
वो जज़्बातों से विरक्त कैसे हो गया?

नरमी थी तेरी बातों में हर दम,
अब लफ्ज़ तेरे ये कसैले कैसे हो गए?
जो आंसू बहते थे जरा सी चोट पर,
पोंछने पे उनको वो मैले से कैसे हो गए?

जो कल तक धड़कता था उन्स पाने के लिए,
वो सारे जज़्बात मुझसे पहले कैसे हो गए?
हक़ तो था मेरा भी उन कदमों का हमसफ़र होने का,
फिर आज बता जरा कि हम अकेले से कैसे हो गए?

शतरंजी कविता

~ ❖✿❖ ~

शतरंज भी एक कविता है ऐ दोस्त,
एक बात के लोग कई मायने निकाल लेते हैं।

बात सिर्फ सफ़ेद-काले खानों की नहीं,
लोग गोरा-काला बोल मुखौटे पुराने निकाल लेते हैं।

जब जीवन और शतरंज की,[2]
समानताओं पर विचार करता हूँ,
संभावनाओं का मुझको,
अनंत आकाश नज़र आता है।

अपनाते हैं जब हम दोनों को,
बरबस दोस्त मेरे यूँ हीं,
विचित्र घटनाएं जो होती,
लोग उसको चमत्कार मिसाल देते हैं।

तुम देखकर बताओ ज़रा मुझे,
कौन देख रहा तीमारदारों को,
रोगी को तीमारदार जो देखे,
लोग बातें हज़ार निकाल लेते हैं।

[2] यह कविता सुपर ग्रैंडमास्टर विदित गुजराती (वर्तमान में विश्व के शीर्ष 25 और भारत के छठे नंबर के शतरंज खिलाड़ी, 2020 ऑनलाइन शतरंज ओलंपियाड में भारतीय टीम के पूर्व कप्तान) को समर्पित है, जिन्होंने अपने विचार साझा कर इस कविता को संवारने में योगदान दिया।

यह चालों की बात नहीं, दोस्त,
कोई तभी बात करे,
जब बात में कोई बात हो,
तुम चलते रहो चालें अपनी,
लोग रिश्ते अकस्मात् निकाल लेते हैं।

हाल-ए-दिल

~ ✧❀✧ ~

गर जो आपने हाल-ए-दिल बयां कर दिया होता,
तो फिर ये ज़िंदगानी कुछ और ही होती,
गर दिल में जो है वही आपकी जुबानी होती,
तो फिर अपनी ये कहानी कुछ और ही होती।

सब कहकर भी खामोश रह गए हम,
गर आप जो ये खामोशी समझ पाते,
तो फिर अपनी भी शैतानी कुछ और ही होती।

खता जो माफ़ हो तो कहना चाहूंगा के,
गर जो आप ना करते ये नादानी,
तो फिर अपनी भी नादानी कुछ और ही होती।

दिमाग से काम लिया और,
दिल आपके पास खो दिया,
गर जो दिल-ओ-दिमाग से काम लिया होता,
तो फिर अपनी भी हरकत बचकानी नहीं, कुछ और ही होती।

दो शब्द
~ ✧❀✧ ~

कुछ शब्दों में उलझ कर रह गयी यादें,
कुछ कह सके, कुछ मन में ही रह गयी यादें,
और भी थे इस दिल में अरमां कई,
कुछ कह सके, कुछ मन में ही रह गयी बातें।

कभी चाहा ये कहें,
कभी दिल में कुछ और आया,
जुबान की हिमाकत ना चली,
पर आँखों ने साथ निभाया,
इतने में ख्वाब टूटा और,
सपने हुए काफ़ूर ना जाने कब,
और जो उलझनें थी,
दूर हुयी वो कभी नहीं,
और भी थे इस दिल में अरमां कई,
कुछ कह सके, कुछ मन में ही रहीं।

हाँ वही तो था मैं

~ ✧❀✧ ~

फेर ली तुमने जो आँखें अब मुझसे,
हाँ उन आँखों का ही तो कायल था मैं,
चला दिए जो तीर दिल पे किसी और के,
हाँ उन्हीं तीरों का भी तो घायल था मैं।

बजता रहा बिन घुंघरुओं के,
पाँव में तुम्हारे जो,
हाँ वही बिखरा हुआ,
पायल तो था मैं,
लूट कर भी जो खुद को,
ख़ुशनसीब समझता रहा तेरे प्यार में,
हाँ वही, बिलकुल वही, पागल तो था मैं।

बूँद-बूँद प्यार की वर्षा,
बरसा दी तुझपे जिसने,
हाँ वही आवारा सा,
बादल तो था मैं,
बहकता रहा रातों को जो,
तुम्हारी नशीली आँखों में,
हाँ वही सुरमयी सा,
महीन काजल तो था मैं,

सजाय रहती थी जिसे,
दिल पर हर पल तुम,
हाँ वही महकता हुआ,
आँचल तो था मैं,
दर्दों को शक्ल देकर शब्दों का,
लिखता रहा जो कोई कविता,
हाँ वही, बिलकुल वही,
तन्हा शायर तो था मैं।

खुशियों की तलाश

~ ✧❀✧ ~

खुशियों की तलाश में तल्लीन थी निगाहें,
जुबां पर थी थिरकन और बेचैन थी बाहें,
बदला रुख ज़िन्दगी का कुछ इस क़दर दोस्तों,
रह गयी बस सिसकियाँ, रह गयीं बस आहें।

अजीज़ थी जो दिल्लगी, आफ़रीन थी जो यादें,
नूर थी जो अहले वफ़ा, कहाँ रहीं वो बातें?
बदस्तूर जारी हैं ज़िन्दगी की तमाम तबदीलियां,
और मिटने को सज-धज के आयी हैं ये बदनाम अठखेलियां,
गुमान चूर हो चुका है और शर्मसार हैं मेरी शहादतें,
मुड़ चुकी है नोक शान की और टूट चुकी हैं कवायदें,
बदला रुख ज़िन्दगी का कुछ इस क़दर दोस्तों,
रह गयी बस सिसकियाँ, रह गयीं बस आहें।

आमीन की दुआ से शुरू की थी जो हसीं इरादे,
मुकर्रर की ज़िन्दगी ने बार-बार ठीक उलटी बातें,
शुरू से शुरू कर, आखिर पर जो ला खड़ा किया मुझे,
अँधेरे में खड़ा हूँ तब से, जब से मेरी चाहत वाले दिए बुझे,
शिकस्त-दर-शिकस्त की अनोखी हुयी शुरुआतें,
गुमनाम खुद से हो गया और खुद से हैं शिकायतें,
बदला रुख ज़िन्दगी का कुछ इस क़दर दोस्तों,
रह गयी बस सिसकियाँ, रह गयीं बस आहें।

चाँद जा छुपा है
~ ✧❀✧ ~

इन चहकती सुबहों में,
इन महकती शामों में,
चाँद जा छुपा है,
संध्या की बाँहों में।

लालिमा सी नज़र आये,
और पवन बयार गाये,
मांझी की पुकार में,
चाँद जा छुपा है,
श्याम के परिवार में।

अधछुटी सी घटा बुलाये,
पुराने अपने मीत को,
सागर के भीत में,
चाँद जा छुपा है,
बागों के चित में।

अनकही-अनदेखी सी ये पहेली,
बन जाए काश सहेली,
ललचाकर अपनी प्रीत में,
चाँद जा छुपा है,
सपनों की एक झील में।

क्या खोया, क्या पाया?

~ ✧❀✧ ~

रोता क्यों है? हंसकर देख,
ज़माने की हर ख़ुशी तेरी लिए है,
मुस्कुरा उन ग़मों पे जो आज आयीं हैं,
आने वाली खुशियां आज भी तेरे लिए हैं।

खोया तूने यहाँ क्या गिनकर देख
दर्द पाया, दुःख पाया, आंसू पाए, बेचैनी पायी,
तो क्या हुआ गर खुशियों की तलाश थी,
प्यार नहीं तो, प्यार का एहसास तो पाया,
आज जो तेरा हाँथ झटककर चल दिए हैं,
भूल मत उनकी यादें तो आज भी तेरे लिए हैं,
प्यार के आंसू ना देखे तो क्या हुआ,
उनकी चाहत की हंसी आज भी तेरे लिए है,
मुस्कुरा उन ग़मों पे जो आज आयीं हैं,
आने वाली खुशियां आज भी तेरे लिए हैं।

तू अकेला चला था, लौटा भी अकेला,
पर पीछे मुड़कर देख, कितनी परछाइयाँ पीछे छोड़ आया,
जिनसे रिश्ता जोड़ना था, वो तेरे ना हुए तो क्या हुआ,
कई अनजानों, बेगानों को तो तू अपना बना आया,
तू भूल जा उन ज़ख्मों को आज मिले हैं,
यहाँ तुरबत तोड़ गड़े मुर्दे भी जी जाते हैं,
ज़िन्दगी-ज़िंदगानी को पीछे छोड़ दे तू,
शाम की तन्हाई, रातों की गहराई आज भी तेरे लिए हैं,
सितारों और फूलों के सपनों से बाहर आजा,
ये काँटों के ताज और जद्दोजहद की दीवार आज भी तेरे लिए हैं,
मुस्कुरा उन ग़मों पे जो आज आयीं हैं,
आने वाली खुशियां आज भी तेरे लिए हैं।

HAPPINESS
SORROW

धधक-ए-दिल

~ ✧❀✧ ~

लहरी फ़ज़ा फिर बहार की तो,
हम भी आजमाइश को आएं हैं,
तुम ही कहो राहगीर-ए-दिल के फर्क कैसा,
वो जलाते रहे और हम जलते चले आएं हैं।

फर्क क्या तब है जब वो खो गए कहीं,
और मुगालते हम उल्फत के पालते आये हैं,
खोयी-खोयी सुबह ही नहीं, बेनूर वफ़ा-ए-शाम है,
अभी लपट बुझी भी नहीं और वो फिर जलाने चले आएं हैं।

हर मुआवला साफ़ था मन के ख्यालों में,
पर कहते वक़्त अपने ही शब्द लगते पराये हैं,
खोखली तेरी मुस्कान पर भी, जां निकलती है मेरी,
जलाने को फिर सजाकर दिल के अरमां लाएं हैं।

राज़ करें हर शब्द मुमकिन दिल यह कहाँ,
आखिर-ए-वक़्त को मनाने हम चले आएं हैं,
तेरे दर की कीमत ना चूका पाएंगे हम तह-ए-दिल,
जा, तेरे संग हमारे जलते हुए दिल की सारी दुआएं हैं।

बेनूर दीवाली

रिमझिम गीत बरस रहे हैं, फिर भी,
सूना है मेरे मन का ये आँगन,
झिलमिल दिए जल रहे हैं, पर,
निशा संग ही है मेरा ये जीवन।

आशाओं की रौशनी हर पर है लुभाती,
महक माटी के दिए की सौंधी है आती,
पर कहाँ भटक रहा मन का ये चरवाहा,
दो पल थाना है कुछ, तीसरे पल कुछ और चाहा,
लाकर दे दे कोई मुझे एक अदद चिंगारी,
हज़ारों दिए जलाकर पूरी करूँ यह बेनूर दिवाली।

मौन क्यों लगता ये पटाखों का शोर है?
बेजोश मनमीत क्यों ये इंजोर है?
आस लगाए बैठें हैं लक्ष्मी के क़दमों की,
पर लक्ष्मी वहां नहीं आती, जहाँ सब कामचोर हैं,
तुम्हारी तमन्ना में हमने ज़िन्दगी राख कर डाली,
अब कहाँ से मनाऊं यह बेनूर दिवाली।

तेरे संग

~ ✧❀✧ ~

तू जब हवा सी बहती है करीब से,
मैं रेत सा बिखरता चला जाता हूँ,
संग तेरे रहने की पल-पल नफ़्स,
मैं संग-संग उड़ा चला जाता हूँ।

तू ठहरती है जरा सांस लेने को,
मैं आँखें बंद कर वहीं लेट जाता हूँ,
तू सरकती है जरा भी अचानक से,
मैं अकस्मात् ही सिहर सा जाता हूँ।

दरम्यां हमारे सावन यूँ आया चुपके से,
कैसे तू उसकी हो गयी, मैं समझ नहीं पाता हूँ,
तू रवानगी में सावन के उड़ती चली गयी,
मैं किसी दिली-तमन्ना की तरह बहता चला जाता हूँ।

मिलूंगा किसी मोड़ पर,
तुझसे मैं शायद कभी,
अब भी हर सरसराहट पे,
मैं तुझे ढूंढने लग जाता हूँ।

तेरे लिए

~ ✧❀✧ ~

यह आसमां, यह ज़मीं, मेरी नहीं,
अब तो ज़िन्दगी भी परायी लगती है।
क्षण, पल, पलछिन,
दिन, पहर, शाम,
लगता है बस,
सब हैं तेरे लिए।

कुछ पा लूँ, कुछ खो दूँ, गम नहीं,
दुनिया की दलीलों में भी,
सच्चाई नहीं लगती है।
सच, झूठ, फरेब,
दिल्लगी, प्यार, तन्हाई,
लगता है बस,
सब हैं तेरे लिए।

थोड़ा क्या है, ज़्यादा क्या है, कुछ नहीं,
अब लकीरों के ज़ंजीरों से,
आज़ाद होने की इच्छा होती है।
अब, अभी, कल,
जब, तब, कभी नहीं,
लगता है बस,
सब हैं तेरे लिए।

बेवफाई

~ ✧❀✧ ~

जब भी तुम्हारी याद आयी,
एक रूठी सी तस्वीर उभरकर सामने आयी,
दो घूंट आँसू ना पी सके हम,
और, तुम्हारी याद भी कर गयी बेवफाई।

कहने की कुछ अब हिम्मत ना रह गयी,
समझ की समझदारी ना जाने कहाँ खो गयी?
यूँ वीरान है दिल कि धड़कनें भी डरा जाती हैं,
साँसों की किल्लत है और ज़िन्दगी कब्रगाह नज़र आती है,
जब आईने के सामने जाकर खड़े हुए तो,
आईने की भी आँख भर आयीं,
दो घूंट आँसू ना पी सके हम, और,
तुम्हारी याद भी कर गयी बेवफाई।

सुकून की इच्छा में ज़िन्दगी काट रहा हूँ,
हर दो पल बाद मरने को जोह बाट रहा हूँ,
आखिरी ख्वाहिश है फिर भी, के,
तेरी दहलीज़ पर ये दम निकले,
साँसों को इंतज़ार है उस दिन का जब,
तू दिल से किसी की दुआ मांगे, और,
कब्र से नयी ज़िन्दगी लेकर हम निकलें,
सिर्फ हाल-ए-दिल पत्थरों को जो कह सुनाया,
हर एक कब्र से सिसकियों की आवाज़ आयी,
दो घूंट आँसू ना पी सके हम, और,
तुम्हारी याद भी कर गयी बेवफाई।

तेरी याद
~ ✧❀✧ ~

आज फिर तुम्हारी याद आयी,
और फिर अश्कों की घटा संग छायी।

यादों की चांदनी फिर लौटी है,
फिर भी उदासी है, तन्हाई जागती है।

आज फिर चाल बहक कर लड़खड़ाती है,
बूंदों की शक्ल में मय आँखों से बहता है।

और पी लेते हैं जब तेरी यादों का नाग डसता है,
कुछ कसूर तेरी बातों का, तो कुछ नशीली आँखों का है।

अभी कब्र बनकर पूरी भी नहीं हुयी है, उफ़,
और अभी से मेरा दिल उस कब्र में जा लेटा है।

और तड़पा के ज़रा देख मुझे, आ देख ले एक बार फिर,
कि कैसे एक आशिक़ मर-मर के भी ज़िन्दगी जी लेता है।

एक बूँद
~ ✧❀✧ ~

उन आँखों कि हल्की-सी बारिश में,
ना जाने कब मैं भीग गया,
आहिस्ता-आहिस्ता अपनी चलती कश्ती से,
मंज़िल पर पहुंचकर डीग गया।

एक बूँद सी गिरी उन आँखों से,
उनका अपना ही दामन ना संभाल सका उन्हें,
ना जाने किस बात पर वो अनमोल मोती गिरे,
और ना जाते कब समय का मौसम बीत गया।

अब जब जाते हो, तो दिल में एक टीस सी उठी है,
अब तुम्हें जाने से रोकने को जी करता है, पर,
अब भी तुम हमसे अनजान हो, बस इतना सा,
ही वक़्त मिला और इतने पर ही लौट मेरा प्रीत गया।

नकाबपोश खुशियां
~ ✧❀✧ ~

भुलाई हुयी यादें, खो गयी हैं पर्दों में,
उम्मीदों कि शहनाई लो अब खामोश है,
चिराग जलने की हिम्मत खो गयी है दर्दों में,
अब तो हर ख़ुशी खुद से नकाबपोश है।

जरूरत एक अदद ख़ास की अब नहीं मुझे,
बज्म-ए-शिकायत क्या ख़ाक किया करेंगे,
आहिस्ता-आहिस्ता तुझ संग जीना चाहा था,
आहिस्ता-आहिस्ता तुझ बिन ही मरेंगे,
आखिरी उम्र आयी है, अब ज़िन्दगी बेजोश है,
मौत की शाख बढ़ती आ रही अब मेरी ओर,
लौट आऊं तेरे पास मुड़कर अब संभव नहीं,
मेरी ज़िन्दगी और उम्मीदें भी खानाबदोश हैं।

आरज़ू अब तुम्हारी है के मैं पहले वाला हो जाऊँ,
खुद मुस्कुराऊँ और साथ में तुम्हें भी हँसाऊं,
शिकस्त-ए-इन्तेहाँ से गुजरकर हम लौट नहीं पाएंगे,
खता माफ़ हो पर ना खुद को और ना तुम्हें हंसा पाएंगे,
एतबार-ए-उम्र जब ना रहा तो साँसों को क्या दोष दें?
अब लौटकर आ नहीं सकता, सुकून भी बाकी नहीं,
चाहे तो हमारा इंतज़ार ना करना, कोई बात नहीं,
क्यूंकि सांसें, धड़कनें, आहें मेरी एक खाली शब्दकोश हैं।

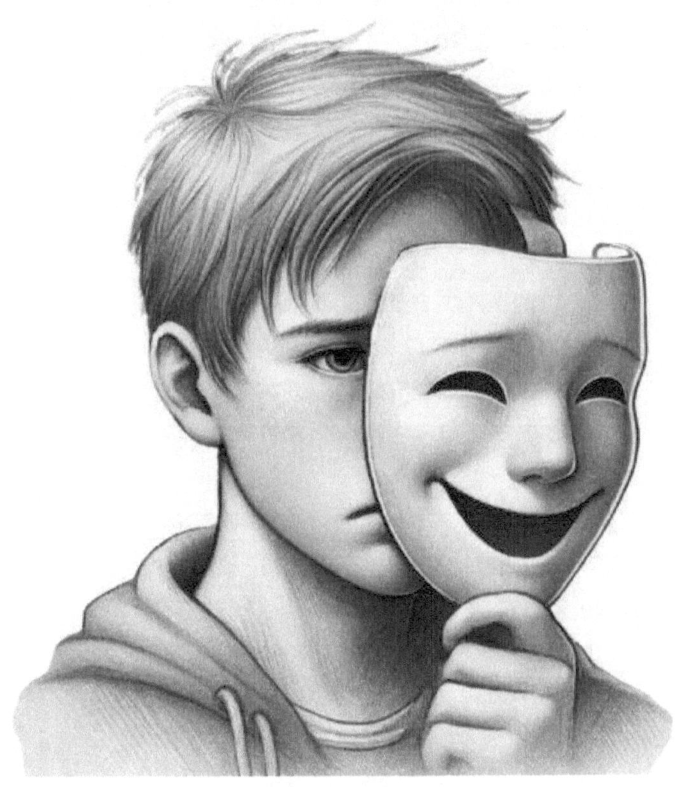

जो दिल को था पसंद
~ ✧❀✧ ~

वो रहते थे जहाँ, उनसे मुलाकात नहीं हुयी,
जो दिल को था पसंद, वो बात नहीं हुयी,
चांदनी की नूर टपके हर पल आसमां से,
गुलों की महक बिखरे हर पल गुलिस्तां से,
वो पास रहे मेरे, ऐसी रात नहीं हुयी,
जो दिल को था पसंद, वो बात नहीं हुयी।

मेरी प्यास नहीं बुझी, मेरी उम्र बढ़ने तक,
देखता रहा आसमां को अरमां जलने तक,
बुझा सके जो सब कुछ, वो बरसात नहीं हुयी,
जो दिल को था पसंद, वो बात नहीं हुयी।

बेवफा उन्हें कहूं तो तौहीन होगी मुहब्बत की,
यकीं भी नहीं होता पहुंची थीं वो वफ़ा तक,
ख्यालों की इस कशमकश में वो साथ नहीं हुयी,
जो दिल को था पसंद, वो बात नहीं हुयी।

मिले थे जब वो एक दिन गुलों की गली में,
ढूंढता हूँ तब से उनको गुलशन की कली-कली में,
मिलते रहेंगे यूँ ही, ऐसी बात नहीं हुयी,
जो दिल को था पसंद, वो बात नहीं हुयी।

छोटे से लम्हे में

~ ✧❀✧ ~

देर हुयी जो मुहब्बत को,
इकरार की सीधी चढ़ने में,
छूट गयी बस मंज़िल इश्क़ की,
वक़्त के छोटे से लम्हे में।

आतिशी ज़िन्दगी ठहर सी गयी,
तन्हाईयाँ रास आने लगीं,
दिन के तरानों से रंजिश हुयी,
और रात की बंदिशें भाने लगीं,
मस्ती छोड़कर शायर बन गया,
रह गया दिल भी अचंभे में,
छूट गयी बस मंज़िल इश्क़ की,
वक़्त के छोटे से लम्हे में।

जां की फ़िक्र यूँ भी ना थी कभी,
पर हिम्मत-ए-इज़हार भी ना कर पाया,
चाहत की नींव की बात छोड़ो,
सपनों का घरोंदा भी ना बना पाया,
और चले गए तुम एक दिन,
छोड़ अकेला हमें कुनबे में,
छूट गयी बस मंज़िल इश्क़ की,
वक़्त के छोटे से लम्हे में।

मैं और मेरी तनहाई

~ ✧❀✧ ~

सोचता हूँ के सागर भी तन्हा, आसमां भी तन्हा,
तन्हा हम और तन्हाई हमारी तन्हा,

पर एक दिन तारो को देखकर आया ये ख्याल,
के उसने सदियों की अपनी उम्र बिताई है तन्हा,

हमें तो पूछने को दो-चार लोग-बाग़ हैं,
और उन्हें तो कोई एक बार याद भी नहीं करता,

अपनी ज़िन्दगी से शायद अब इतनी शिकायत ना होगी,
अरमानों पे कफ़न ना होगा और सांसें लेगी तन्हाई भी,

अब करता हूँ दिल से सलाम तुझे मैं, ए तारे,
ना जाने तूने कैसे तन्हा ही इतने पल गुजारे,

तुझसे सीखा है अब मैंने ज़िन्दगी का नया पन्ना,
अब ना मैं हूँ और ना होगी तन्हाई मेरी तन्हा।

खामोशियाँ

~ ✧❀✧ ~

पलकों में बंद आंसू की बूँद होती है जितनी पावन,
आये हो तुम याद बनकर फिर उसी तरह जानम,
बंद थी आज तक जो खामोश हंसी मेरे लबों पर,
आवाज़ बनकर आयी हो तुम और फिर गूंज उठा ये आँगन।

पर क्या अब भी वो जज़्बात हैं बाकी, और,
क्या ज़िंदा हैं मेरे प्रेम के वो अनमोल पल,
क्या याद हूँ अब तक तुम्हें मैं और अब क्या,
मेरी जुस्तज़ु, मेरी बेचैनियों का मिलेगा मुझे कोई हल?

या, अब भी हैं सुनसान डगर वो प्यार के,
और क्या अब नहीं है वो चाहत की आरज़ू,
क्या अब भी तुम हमसे अनजान हो, और क्या,
मैं अब भी अकेला हूँ, क्या फिर से अपनी मुहब्बत को मार दूँ?

रूठ गए हो क्यूँ?

~ ❖❀❖ ~

रूठें हैं जब भी हम तुमसे,
तुमने हमें अपना मान लिया,
और जब तुम्हें अपना बनाना चाहा,
तुमने रूठने का इरादा ठान लिया।

अब जो भी शिरकत आँखों में है,
और जो कश्मकश है दिल में,
यह हमें महफ़िल देती है तन्हाइयों में,
और तन्हा रखती हैं महफ़िल में,
अभी और जो जाम अधूरे हैं,
और कभी जो छलकता पैमाना है,
हम अभी भी अधूरे तुम बिन हैं,
और कहने को साथ ज़माना है,
यह बात और है के,
जब भी गिरे हैं लड़खड़ाकर,
किसी बेगाने ने थाम लिया,
पर ऐसा भी हुआ कई बार कि,
हमें अपनों ने भी बेगाना मान लिया,
रूठें हैं जब भी हम तुमसे,
तुमने हमें अपना मान लिया,
और जब तुम्हें अपना बनाना चाहा,
तुमने रूठने का इरादा ठान लिया।

अभी भी कुछ दर्द बाकी है सीने में,
अभी और भी हैं दिल में अरमां कई,
जब भी किसी को दर्द-ए-दिल समझाया,
उसी पल इस दुनिया ने हमें अंजना मान लिया,
आँसू जो टपकते हैं अब जब,
हमारे अपने ही जाम के प्याले में,
तो दूसरी तारा तुम इस वक़्त लूट रहे हो,
ख़ुशी दुनिया के उजाले में,
यह बात अब भी ख़ास है कि,
फिर अभी तुम्हें दिल ने मेरे आगाज़ दिया,
ये बात और है कि मेरी यादों की हिचकियों को,
तुमने पानी से अंजाम दिया,
रूठें हैं जब भी हम तुमसे,
तुमने हमें अपना मान लिया,
और जब तुम्हें अपना बनाना चाहा,
तुमने रूठने का इरादा ठान लिया।

दो-तरफ़ा मंज़िलें

~ ✧❀✧ ~

ए खुदा अब इंसाफ की क्या दुहाई होगी,
खुशियों को गर गले लगाया तो उसकी रुसवाई होगी,
करवटें बदल-बदल ज़िन्दगी इम्तहान ले रही,
गर रुसवा कर उसे पाऊं तो मुहब्बत मेरी हरजाई होगी।

दो-तरफ़ा मंज़िल है मेरी, एक वो तो दूसरी परछाई होगी,
अपनी खुशियां पाऊँ, ठीक नहीं, उसकी खुशियां ही खुदाई होगी,
पाऊं उसे तो उसे ज़िल्लत मिलेगी, ना पाऊँ तो वो दर्द सहेगी,
भले उसे रुसवा ना कर खो दूँ, तो भी, ये मोहब्बत में बेवफाई
होगी।

आज उन्हें हमसे इश्क़ है, पर, मुद्दत बाद क्या होगा?
दे ना सका वो खुशियां उन्हें तो ज़िन्दगी से लड़ाई होगी,
अभी खुशियों के लिए छोड़ दें उन्हें, और चुप बैठें,
दिल दुखाने की हद छू लें, शायद इसी में उसकी भलाई होगी।

LOVE
DUTY

इज़हार-ए-मोहब्बत
~ ✧❀✧ ~

जब भी हमने तुमसे प्यार का अपने इज़हार किया,
अधूरे कुछ शरारती लफ़्ज़ों में तुमने हमेशा इंकार किया,
हंस कर जो लब सील गए और जो आँसू मुस्कुरा बैठे,
तुमने कभी ना मेरी उन तकलीफों का एक पल भी दीदार किया।

बात को तब मैंने जब भी एक नया मोड़ दिया,
और एहसासों के समंदर का एक और आँसू पी लिया,
तब भी शायद ना समझे तुम इस दिल की लगी को,
और फिर हंसकर हमने भी इसे दिल्लगी का नाम दिया।

कभी तो चाहा कि हर एक जज़्बात को जुबां दे दें हम,
दूसरे ही पल ना जाने क्यूँ, रूक कर, सही वक़्त का इंतज़ार
किया,
रूठे हुए थे तुम तब अपनी हस्ती, अपनी ज़िन्दगी से,
एक बार फिर सहर लिया मुझसे, पर ना इज़हार का मौका एक
बार दिया।

आज भी तुम सहारा ढूंढते हो मेरी शख़्सियत में,
और आज भी हम तुम्हारा हर पल साथ निभाते हैं,
फिर किसी जन्म में तुम्हें पाना शायद मेरी किस्मत में हो,
चलो, फिर यही सोचकर, अगले सौ जन्मों तक तुम्हारा फिर
इंतज़ार किया।

ज़ख़्म

~ ✧❀✧ ~

दिल पर जब कोई एक ज़ख्म हो तो दर्द का एहसास होता है,
पर जब ज़ख्मों से ही बना हो दिल तो क्या फ़र्क़ पड़ता है?

हर मर्ज़ का कोई इलाज होता नहीं जैसे यहाँ, हम,
हो गए हैं लाइलाज वैसे और ख़त्म होने को ये कहानी है,
मोहब्बत अब ज़हर है, विष है, ज़ख्मों कि तीमारदारी के लिए,
अब तो ज़िन्दगी के लिए नफरतों के प्याले को पीना पड़ता है।

चुभन एक शहतीर की जब हो जाती है असहनीय कुछ,
यादों के, अरमानों का, आँसू पल भर में उसे भर देता है,
पंखुड़ी एक गुलाब की कभी बोझिल सी लगने लगती है दिल को,
और फिर भी हमें गम-ए-बेवफाई सर आँखों पे उठाना पड़ता है,
ये इल्म ना था हमें और ना अंदाज़ा था हमें इस बात का कि,
इंतकाल के बाद भी चिता की सेज पर जलना फिर से पड़ता है।

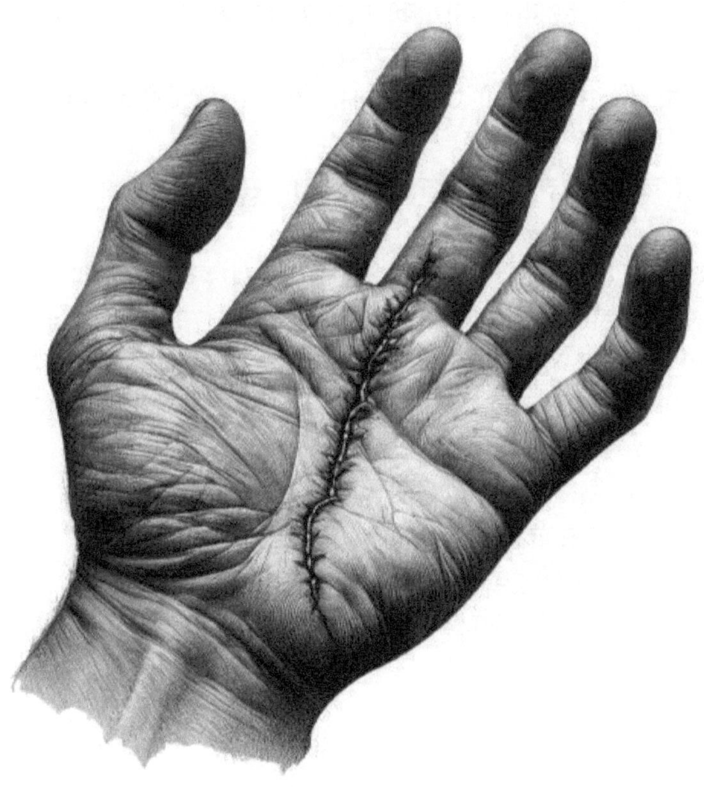

आरज़ू

मंज़िलें बुलाकर राहगीर को और हट जाती हैं एक कदम पीछे,
ठीक वैसे ही बाहें प्यार की पास रहकर भी दूर हो जाती है
मुझसे,
आँखों की नुसरत खो जाती हैं और पावस की बेटियां आ जाती
हैं,
रातों की नींद तो खैर बात है, दिन का सुकून भी हरा जाती हैं।

और खुशनुमा दिल को बनाएं क्यूँ, जब राख बनकर जीना ही है,
प्यास को होंठों से हटाएं क्यूँ, जब अश्कों का सागर पीना ही है,
कौन पूछेगा मुझसे वफ़ा, यह ज़मीं या ये आसमां अब जब,
बात इश्क़ की आयी है तो, खुदा का भी मुझको खौफ नहीं।

जला है दिल मेरा तो, आँसू भी कभी आयें हैं इन आँखों में,
रोज़ की दिल्लगी से बेहतर दिल को जला देना ही अच्छा लगा,
खाकर कसमें, पाकर वादे, कौन संगदिल इस दिल में है,
मौत की शाख ही मेरी थी और उसकी पनाह में जाना ही अच्छा
लगा।

बात दर्द-ए-इश्क़ की, अब खौफ हिफाज़त भी बुराई नहीं,
लूटकर बज़्म-ए-हया में, तेरा बेख़ौफ़ निकल जाना ठीक नहीं,
गुजर गयी ना ये शाम तो फिर कभी लौट के जो आएगी ए हबीब
रूठकर करना सितम और मनाने का मौका ना देना भी ठीक नहीं।

मेरा गांव, मेरा शहर

सादगी और लिहाज़ से उसने कुछ यूँ देखा,
मेरे गांव की पगडण्डी याद दिला दी,
वक़्त नहीं मिलता शहर में अब तो,
तुमने वक़्त की ही कीमत बता दी।

गहरे थे घाव मेरे, सूजे थे पाँव मेरे,
करन सपने पुरे हमने हर टीस झुठला दी,
एक होड़ लगी थी सुकून वाले जीवन को,
कल के सुकुन के खातिर, आज की चोट दबा दी।

एक ऊँची इमारत थी सपनों की ताबीर में,
दौड़ की उस भगदड़ ने बचपन की नींव ढ़हा दी,
कल चार बाशिंदे घर में हँसते मिलेंगे मुझे,
कल की सोच के, आज के सपने नीर में बहा दी।

वो ज़िंदा रहते

~ ✧❀✧ ~

आँखों में उसकी तुम आँखें डालों, नश्वरता को भी गले लगा लो,
कर्म तुम्हारा सर्वोपरि हो, मानवता के भी तुम रखवाले,
घर, समाज, देश को आगे रख जो दो तुम, जान से अपने,
जो ज़िंदा रहें विचारों में, मौत भी उसका क्या बिगाड़े।

गाँधी, भगत, सुभाष जैसे वीरों के हो तुम नज़राने,
मिट्टी के भगवानों ने रोपा है तुमको अपना घर उजाड़े,
रानी झाँसी, दुर्गावती जैसे माँओं ने सींचा है तुमको प्यारे,
जो ज़िंदा रहें विचारों में, मौत भी उसका क्या बिगाड़े।

तुमपर नज़रें टिकीं देश की और तुम पर आस लगाए हैं,
देख रहे जो दुष्कर्म आस पास, घर, आफिस, तुम चौपले,
बदलोगे तुम तस्वीर कभी ये माँ-बहनों के तुम रखवाले,
जो ज़िंदा रहें विचारों में, मौत भी उसका क्या बिगाड़े।

आत्मबोध

~ ✧❀✧ ~

खुद को इतना ढ़क कर रखा,
कि खुद से ही अनजान हुआ,
भीतर-भीतर खाया जग ने जब,
आत्मबोध का ज्ञान हुआ।

आईने के अंदर के थे कुछ,
आईने के बाहर कुछ हम,
दर्पण टूटा सपनों का जब,
वास्तविकता का भान हुआ।

मोहल्ले में हँसते-गाते व्यक्ति का,
जब घर में ही अपमान हुआ,
उस अधेड़ आदमी को रोता देख,
समझा कि मेरा यौवन जियान हुआ।

आज सवालों का दर खुला है,
खुद से मिलने का अभियान चला,
ना नकाब, ना कोई पर्दा,
अब जाके ये वरदान मिला।

बड़ी मेहनत की थी

~ ✧❀✧ ~

धो कर बिछाए थे चादर सपनों के इस बिछावन पर,
मैली डोर उस की ना जाने किसके छुअन से हो गयी,
उम्मीद थी सावन की, हवाएं उसकी मंद कैसे हो गयी,
बड़ी मेहनत की थी यार, ये ज़िन्दगी झंड कैसी हो गयी।

मैं ही कहता था इस रास्ते पर राह आसान होगी मेरी,
मोड़ उसी सड़क की मगरूर सी दर मुड़ गयी,
ख्वाहिश थी जिस से, उस दिल की गली तंग कैसे हो गयी,
बड़ी मेहनत की थी यार, ये ज़िन्दगी झंड कैसी हो गयी।

नींद चुराए बैठा था मैं, रातों का भी होश ना था मुझे,
दिन की नज़र में कब मैं किसी दोषी सा हो गया,
जिस रहगुज़र से उम्मीद थी मज़िल की वह बंद कैसे हो गयी,
बड़ी मेहनत की थी यार, ये ज़िन्दगी झंड कैसी हो गयी।

माँ

~ ✧❀✧ ~

तेरी कहानी कभी अधूरी नहीं होती,
माँ तुझसे कभी मेरी दूरी नहीं होती।

आधे अधूरे शब्द थे मेरे जब तब भी,
हर वाक्य पूरा कर देती थी मेरा तू,
मेरे सिवा कोई बात तेरे लिए ज़रूरी नहीं होती,
माँ तुझसे कभी मेरी दूरी नहीं होती।

ज़माने लाख बदल जाए हमारे लिए,
बिना तेरे रोटी के छप्पन-भोग अधूरे हैं,
हर थाली अधूरी अगर उसमें तेरी पूड़ी नहीं होती,
माँ तुझसे कभी मेरी दूरी नहीं होती।

जज़्बात

~ ◇❀◇ ~

चलो चलें कहीं दूर इस भीड़-भाड़ से,
जहाँ जज़्बातों को कोई तौलता ना हो,
तू किस जाती का, धर्म का हो क्या फर्क,
बस वहां किसी का इससे खून खौलता ना हो।

एक बाग़ होगा, या एक क्यारी होगी प्यारी सी,
बस एक चौतरफा किसी को छोलता ना हो,
तू किस राह, मैं किस राह, फ़र्क़ क्या,
बस वहां किसी का ईमान डोलता ना हो।

अंदर-अंदर किलसे हों, बाहर से प्यार जताते हों,
बस अरमानों के सपनों का, भाव कोई मोलता ना हो,
जो बोलें वो कर भी दें, खंजर बिन मारे हमको,
बस वहां किसी का मसीहा, उन्हें कुछ बोलता ना हो।

नज़राना-ए-दिल

~ ✧❀✧ ~

नब्ज मेरी बंद है जब से नज़रें मिली हैं,
दिल का कोई कोना जैसे आज ही सजा है,
तूने स्वीकार लिया यह नज़राना-ए-दिल मेरा,
अब देखते हैं दुनिया की क्या रज़ा है।

दुकानें सजीं हैं उन पंडालों के बाहर सारी,
मेले के बहाने से मिले हम-तुम, अजब फ़ज़ा है,
मैं डरता तो नहीं इस पागल ज़माने से, लेकिन,
छुप-छुप के मिलने का भी अपना मज़ा है।

ज़माना यह था कि नज़र भर आरज़ू दीदार की,
शब्द खामोश, और बस आँखों का गिला बचा है,
कोई अधेड़ या कोई नौजवां ही समझेगा ये इत्मीनान,
या समझेगा कोई जिसमें शमा-ए-इश्क़ अब भी लज़ा है।

डर लगता है

~ ✧❀✧ ~

डर लगता है अब अपनी ही धड़कन से कभी-कभी,
खाली दिल यूँ वीरान तेरे बिना है।
कब्र पे मेरी यह रोज़ फूल कौन डाल रहा है,
जबकि तेरे तो वहां आना मना है।

आहों में रात बीती और समुन्दर सा तूफां उठा,
सीने में फिर भी मेरे कैसा ये गुमां बैठा,
खुद की नब्ज दबा के देखा सौ दफा,
वो खुदगर्ज, नहीं आएंगे, कहीं तू तो नहीं बाहर खुदा?

मैं बिता चूका एक अरसा उम्मीदों में,
और संबंधों में भी कर बैठा ज़फ़ा,
तू बोल खुदा गर मैं झूठ बोलता,
या खुद जा, उसको समझा खुदा।

संस्कृति के रखवाले[3]

~ ✧❀✧ ~

हत्याएँ होतीं, चीखें दबतीं,
बचपन बिकता, साँसें थमतीं।
पर चर्चा का विषय बना है,
हास्य में जो अश्लीलता दिखती।

दिखता इनको शोर कहाँ,
जब माँ-बहनों की लाज है लुटती,
इनकी धरोहर तो बस संस्कृति है,
अतिशयोक्ति की चादर में लिपटी।

गड्ढों में सड़कों की मय्यत होती,
भूख दबाये वो माँ जो सोती।
पर दीवान-ए-ख़ास की चिंता ये है,
कहकहों की लाज है छोटी।

नेता गरजें, मंत्री तड़पें,
संस्कृति पर आघात न हो!
मसखरों पे ताला लगा दो पर,
बलात्कारियों पे कोई बात ना हो!

[3]मैं समर्पित करता हूँ यह कविता हास्य कलाकारों समय रैना और तन्मय भट को जिन्होंने मेरी कविताओं को ऑनलाइन सराहा और लोगों तक पहुंचाने में अपनी भूमिका निभाई। साथ ही इंटरनेशनल मास्टर सागर शाह, पेशेवर और अनुभवी राष्ट्रीय चैंपियन अमुता मोकल, वीमेन ग्रैंडमास्टर तान्या सचदेव और मेंटलिस्ट सुहानी शाह का विशेष धन्यवाद जिन्होंने निस्वार्थ रूप से मेरी कविता को सार्वजनिक रूप से हमेशा सराहा।

तंज़ कसो, जेल भरो,
कलाकारों पर रोक लगे!
सड़कों पर जो बेखौफ क़ातिल,
तुमको मसखरों से नेक लगे!

चुटकुलों से अरे डरने वालों,
अन्य अपराधों पे क्यों मौन हो?
मेरे संस्कृति के ओ रखवालों,
तुम 'दोगलों' की कौन सी कौम हो?

जीवन एक कविता

~ ✧❀✧ ~

हर मोड़ जीवन की है एक कविता,
जो पल बीतेगा, और जो पल है अभी बिता,
एक पल था जब तुमने जनम लिया था,
हर एक लम्हा गुजरता, बनता गया कविता।

पहले किताबों में डूबा था बचपन,
फिर कॉलेज के में था तू जीता,
फिर नौकरी की राहों में खो गया,
ज़िंदगी ढालकर बनती रही कविता।

बचपन बसंती बयार सी थी कोयल,
यौवन सावन की फुहार सा चीता।
जवानी पतझड़ के रंगों में ढली,
वयस्कता सर्दियों में सिमटी कविता।

अब आँखों में जब आया है ठहराव,
वक्त का हर सितम जो है रीता।
मैं खुद को पढ़ता रहा उम्र भर,
ज़िंदगी खुद ही इक बन गयी कविता।

वक़्त की दास्तान

~ ✦❀✦ ~

वक़्त एक दिन बैठा था संग मेरे,
अपनी मुझको दास्ताँ सुनाने को,
एक लम्हा जब सदियों सा लगा,
सदियाँ लगे उनको फिर भुलाने को।

दिन का एक पहर बिता था,
आँगन में उसके शाम बिताने को,
एक शहतूत की छाँव में बैठे,
सदियाँ लगे किस्से इश्क़ के भुनाने को।

पहलु वक़्त का भी सही ही था,
सिकंदर से ज्यादा दुनिया कमाने को,
दुनिया उसकी उसी की ना थी कभी,
सदियाँ लगे उसे दिल की बात बताने को।

बीत गयी जो बात गयी, उसकी बात निराली थी,
दिन ढला, रात हुयी, नींदियाँ तेरी चुराने को,
क़ैद में वक़्त के था जो लम्हा तेरे-मेरे एहसासों का,
सदियाँ लगे उसे फिर दिल का तिनका-तिनका जलाने को।

अभिस्वीकृति
~ ✧❀✧ ~

लेखक खासकर धन्यवाद करना चाहेंगे करन सिंह 'मैजिक' (जाने-माने मेंटलिस्ट और जादूगर) और सुपर ग्रैंडमास्टर विदित गुजराती (वर्तमान में विश्व के शीर्ष 25 और भारत के छठे नंबर के शतरंज खिलाड़ी, 2020 ऑनलाइन शतरंज ओलंपियाड में भारतीय टीम के पूर्व कप्तान) का, जिन्होंने मेरी दो कविताओं के लिए कुछ खास पंक्तियाँ दीं और इस किताब को और भी खास बना दिया।

मैं धन्यवाद अदा करना चाहूंगा मेरे परिवार और दोस्तों का जिन्होंने निस्वार्थ रूप से मेरे इस प्रयास को सराहा और संभाला।

मैं सहृदय कोटि कोटि धन्यवाद देना चाहता हूँ **Notion Press** की पूरी टीम का, जिन्होंने अपनी किताब समझ कर मेरी इस कल्पना को एक साकार रूप दिया।

लेखक परिचय

~ ✧❀✧ ~

 निखिल कुमार 'रौशन' का जन्म बिहार में हुआ और बचपन झारखंड में बीता। उन्होंने अपनी स्कूली पढ़ाई गुमला, झारखंड और कॉलेज की पढ़ाई रांची, झारखंड से की। इसके बाद, उन्होंने Mass Communications में स्नातक किया। निखिल ने किताबों और जर्नल्स के सम्पादन के क्षेत्र में 20 से ज्यादा साल काम किया है। वे कई जाने-माने publishers के साथ जुड़े रहे हैं। फिलहाल, Global Book Publishing में Asst. Operations Manager के तौर पर काम कर रहे हैं।

उन्हें घूमना और लिखना बहुत पसंद है। वे अपनी यात्राओं और अनुभवों को अपने YouTube चैनल और Instagram पर साझा करते हैं। उनके लिए लेखन सिर्फ शब्द नहीं, बल्कि भावनाओं की अभिव्यक्ति है। यह पुस्तक भी उनकी सोच और अनुभवों का एक सुंदर संग्रह है।

संपर्क करें:

▶ @the_kavita_son

◉ @the_kavita_son

f https://www.facebook.com/thekavitason

www.ingramcontent.com/pod-product-compliance
Lightning Source LLC
Chambersburg PA
CBHW031306130726
47988CB00007B/2747